Nathalie Aoun
Seline Kwasny
Liv Trine Sallander

Illustriert von
Anika Schönwetter

Nur weil ich nicht fliegen kann…

Eine Geschichte über Mobbing und das Finden eigener Stärken

Psychologische Kinderbücher

hogrefe

INHALTS-VERZEICHNIS

SCHULE
SCHULE

Pablo, der junge Pinguin, macht sich heute zum ersten Mal nach seinem Umzug auf den Weg in die neue Vogelschule.

„Warum hat der denn keine Federn?" „Meinst du, der kann überhaupt fliegen?" Vor dem Klassenzimmer hört Pablo die anderen Vögel tuscheln. Vor allem Leon, der Flamingo, das Papageienmädchen Valentina und Hugo, der Storch, klingen ganz besonders gehässig.

„Na super, das ist ja ein guter Start", murmelt Pablo vor sich hin. In seiner Klasse angekommen, sucht er nach einem freien Platz. ***Toll, nur noch ganz vorne ist frei.***

Hinter ihm geht das Getuschel weiter.
„Der sieht aber komisch aus."
„Hm, einen Pinguin hatten wir noch nie in unserer Klasse."

Da betritt Herr Ala, ein Adler mit beeindruckenden weiten Flügeln, das Klassenzimmer. „Ruhe bitte!“ ruft er mit tiefer Stimme in den Klassenraum und kratzt sich mit seinen prächtigen Flügeln am Kopf. „Ich möchte Pablo begrüßen. Er kommt von weit her und kennt sich noch nicht gut aus. Seid so lieb und helft ihm ein wenig, ja?“

Leon, der Flamingo, fängt an zu kichern und zeigt auf Pablos kleine Flügel. ***Hat er vielleicht etwas Fieses über mich gesagt?,*** fragt sich Pablo. Das Getuschel fühlt sich gemein an.

So kann er sich gar nicht auf den Matheunterricht konzentrieren, obwohl das doch sein allerliebstes Fach ist.

d = 8
r = 4
y = ?
a = 3
b = 3

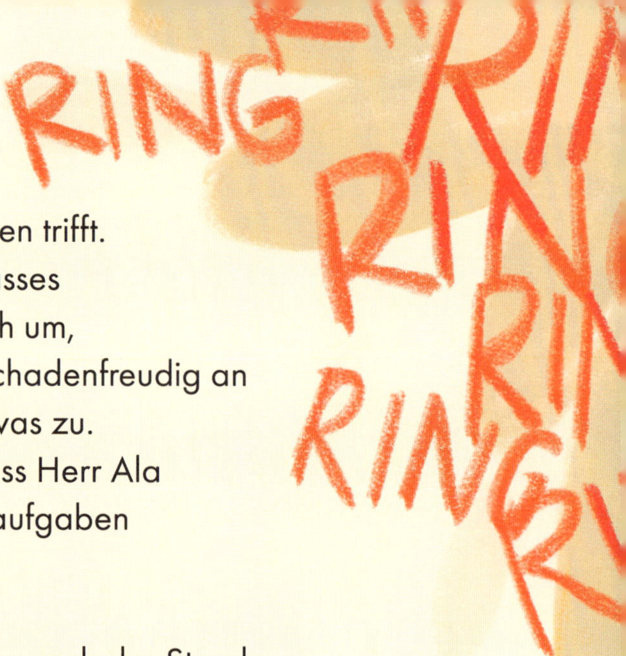

Dann merkt er auch noch, dass ihn etwas am Rücken trifft. Als Pablo sich an die Stelle fasst, fällt ein spuckenasses Papierkügelchen zu Boden. ***Wie eklig!*** Er dreht sich um, um herauszufinden, wer das war. Leon grinst ihn schadenfreudig an und flüstert dem Papageienmädchen Valentina etwas zu. Schlagartig wird Pablo ganz heiß, und er hofft, dass Herr Ala das alles bemerkt. Der ist aber ganz in die Matheaufgaben an der Tafel vertieft.

So kommt es, dass Pablo nach der Stunde lauter nasse Papierkügelchen aus seinem Federkleid fischen muss. ***Die sind ja wirklich überall,*** denkt er, während die anderen den Klassenraum verlassen. Hugo, der Storch, geht als Letzter. Als sich ihre Blicke treffen, dreht sich Hugo schnell um und tut so, als hätte er Pablo gar nicht gesehen.

Mit Tränen in den Augen verlässt Pablo das Klassenzimmer.

RING
RING
RING
FLUG
9.–10.11.
45
+60
75.
MATHE IS DOOF
Stummel-
flügel

Einige Stunden später ist Pablo zu Hause.
Er sitzt am Esstisch und hat den Kopf auf seine
kleinen Flügelchen gestützt. Seine Eltern kommen ganz
aufgeregt durch die Tür und fragen: „Na, Pablo,
wie war der erste Tag in der neuen Klasse?"

Pablo zögert.
„War okay. Aber muss ich da wirklich nochmal hin?."
„Mach dir keine Sorgen", ermutigen seine Eltern ihn,
„es ist ganz normal, wenn man am ersten Tag noch
keine Freunde und Freundinnen findet. Das braucht alles seine Zeit."
Pablo hat jetzt Bauchschmerzen. ***Warum können sie nicht verstehen, was wirklich los ist?***

„Wenn die nur wüssten, was die anderen machen", flüstert er,
als er sich später in sein Bett kuschelt.

In den nächsten Nächten wird Pablo
ständig wach, weil er Albträume hat.

MATHE
9c

Da Pablo seine Eltern nicht enttäuschen will, nimmt er jeden Morgen seinen ganzen Mut zusammen und macht sich auf den Weg in die Schule.
Die erste Schulwoche ist nun vorbei.

Werden die anderen wieder so viel tuscheln? Werden sie mich schon wieder auslachen? Nach dem Wochenende gehen all diese Gedanken Pablo auf dem Weg ins Klassenzimmer durch den Kopf. Dort hat Herr Ala in einer krakeligen Schrift an die Tafel geschrieben:

Pablo merkt, wie sein Herz immer schneller schlägt. ***Was ist, wenn niemand mit mir zusammenarbeiten will?***

Es hilft nichts.
„Ich muss mich jetzt einfach trauen“,
spricht Pablo sich selbst Mut zu und
geht zum Storch Hugo, der sich
gerade mit Leon unterhält.

Leon wirft Pablo schon gemeine Blicke zu, und Pablo merkt, wie ihm ganz heiß wird. Sein Herz fängt an zu rasen. Trotzdem bleibt er bei seinem Plan und fragt Hugo mit zitternder Stimme:
„Hättest du Lust, mit mir zusammenzuarbeiten?“
Hugo und Leon schauen Pablo erstaunt an.
Dann fangen sie laut an zu lachen.
„Echt jetzt?“, ruft Leon.
Hugo rollt die Augen: „Als ob ich mit dir zusammenarbeiten würde …“
Pablo versucht, seine Tränen zurückzuhalten.

Er dreht sich um und geht zu seinem Tisch, ohne etwas zu sagen. Ringsherum haben alle jemanden gefunden, nur er nicht. ***Dann mache ich die Aufgaben eben alleine***, denkt er. Doch da setzt sich Herr Ala neben ihn und macht mit ihm zusammen die Matheaufgaben. ***Oh Gott, wie peinlich!*** Pablo ist froh, als endlich der Gong ertönt.

In der dritten Schulwoche scheint die Sonne, und die Klasse trifft sich für den Sportunterricht draußen auf dem Schulhof. Pablo merkt, wie sein Herz anfängt, schneller zu schlagen. Heute soll das Fliegen geübt werden. ***Das kann doch nicht wahr sein! Jetzt werde ich mich ja so richtig blamieren!*** Weil Pablo nicht will, dass ihn schon wieder alle auslachen, versteckt er sich hinter einem Baum.

Herr Ala baut sich vor der Klasse auf.
„Heute wollen wir Sturzflüge von den Bäumen üben!“
Pablo hofft, dass ihn in seinem Versteck niemand sieht.
Sein Herz schlägt immer schneller.

„Wer möchte anfangen?", fragt Herr Ala.
„Ich, Herr Ala, ich!", ruft Leon.
„Ich kann das so gut!" Und schon fliegt er mit seinen prächtigen rosafarbenen Flügeln los. Er kreist eine Runde genau über dem Baum, hinter dem Pablo sich versteckt, und landet wieder neben Herrn Ala.

Gleichzeitig fängt er lautstark an zu lachen, sodass es die ganze Schule hören kann. „Ihr glaubt nicht, wen ich gerade gesehen habe!", ruft er. „Pablo versteckt sich hinter dem Baum wie ein kleines Baby. Bestimmt traut der sich nicht mitzumachen."

Pablo ist wie versteinert, er kann sich jetzt keinen Zentimeter mehr bewegen, und fängt an zu weinen. Denn Leon ist nicht mehr der Einzige, der lacht. Diesmal lacht die ganze Klasse. „Der kann bestimmt nicht fliegen", lästert Hugo. „Kein Wunder, mit so kleinen Stummelflügeln!"
Und Valentina äfft Hugo nach: „Pablo kann nicht fliegen, Pablo kann nicht fliegen, Pablo kann nicht fliegen!" ***Typisch Papagei.***

Ich möchte nicht mehr in die Schule gehen, denkt Pablo und wischt sich mit den Flossen die Tränen aus dem Gesicht.
Hier mag mich wirklich niemand.

HAHA
HAHA
HAHA
HAHA
HAHA
HAHA
HAHA
HAHA
HAHA

AHAH
HAHAH
AHAH

Plötzlich steht Herr Ala vor ihm.
„Ist alles okay?“, fragt er. Pablo schafft es nicht, zu antworten, weil er jetzt auch noch schluchzen muss.

„Geht das schon die ganze Zeit so?“, fragt Herr Ala. Pablo nickt.

Herr Ala sieht betroffen aus. „Es tut mir leid, dass ich nicht früher gemerkt habe, wie sehr dich die anderen Kinder ärgern.“ Pablo schluchzt weiter, nichts kann ihn gerade trösten.

„Falls so etwas nochmal passieren sollte, dann komm bitte zu mir“, sagt Herr Ala.

Nach dem Gespräch mit seinem Lehrer sitzt Pablo allein auf der Treppe vor der Schule. Er weint immer noch ein bisschen. ***Wenn ich doch nur fliegen könnte.*** In diesem Moment kommt Dalia, das Straußenmädchen, um die Ecke und sieht Pablo. Sie setzt sich zu ihm und fragt, was los ist.
Pablo zieht die Nase hoch. „Ich kann das mit dem Fliegen einfach nicht. Dabei kann das doch fast jeder hier."

„Ich verstehe, wie du dich fühlst", antwortet Dalia.
„Ich kann doch auch nicht fliegen."
Pablo richtet sich auf und schaut ihr erstaunt in die Augen.
„Aber dafür kann ich sehr schnell laufen", fährt Dalia fort.
„Das können die anderen nicht." Sie grinst.

„Was kannst du denn gut?" ***Was kann ich gut?***
Darüber hat Pablo noch nie nachgedacht. Er zögert einen Moment und antwortet schließlich: „Ich weiß nicht. Ich kann schwimmen und tauchen, aber das ist doch nichts Besonderes."

Dalia schüttelt den Kopf. „Und ob das was Besonderes ist! Leon und Hugo können nur mit dem Kopf unter Wasser tauchen. So wie ich auch.
Und schwimmen mögen die nicht, dafür sind ihnen ihre Federn viel zu schick.
Valentina würde sogar sofort untergehen. Papageien können nämlich gar nicht schwimmen."

Sie überlegt einen Moment lang, dann hat sie eine Idee.

„Komm, wir gehen zum Wasser!“ Sie packt Pablo am Flügel und zieht ihn mit sich zum See direkt neben der Vogelschule. „Komm schon, Pablo!“, ruft sie ihm zu.

Pablo springt ins Wasser.
Von weit unten taucht er auf und spritzt dem Straußenmädchen Wasser ins Gesicht.
Beide fangen an zu lachen.
Pablo wird es ganz warm ums Herz.

Dalia will sich rächen und versucht nun Pablo mit Wasser zu bespritzen, aber der ist schon so weit geschwommen, dass sie ihn nicht mehr sehen kann. Dann taucht er hinter ihr wieder auf.

„Wow, du bist ja wirklich schnell“, bewundert sie ihn. Sie setzen sich schließlich am Seeufer auf den Boden. „Siehst du, wie gut du schwimmen und tauchen kannst?“, schwärmt Dalia. „Das ist voll der Wahnsinn!“

„Aber Leon kann trotzdem fliegen und ich nicht“, sagt Pablo. „Leon kann gut fliegen, aber er kann nicht tauchen“, antwortet Dalia.

Am nächsten Montag holt Dalia Pablo von zu Hause ab. „Mach dir keine Sorgen über Sport", sagt sie. „Ich habe gehört, dass wir diese Woche was anderes machen." Auf dem Weg zum Sportunterricht fängt Pablos Herz wieder an, schneller zu schlagen. Es fühlt sich an, als würde sich sein Magen umdrehen.
Dalia lächelt ihm aufmunternd zu. „Du schaffst das! Und wenn was ist: Ich bin da und helfe dir."

Pablo nickt und atmet tief durch. Und dann passiert etwas Wunderbares: Das Thema in Sport diese Woche ist Schwimmen! Pablo ist überglücklich und freut sich nun sogar auf den Unterricht.

Ganz anders als Leon. Der schweigt nämlich auf einmal und läuft nervös hin und her, während er Pablo beim Schwimmen und Tauchen zuschaut. Valentina und Hugo sagen auch nichts und sind sehr ruhig.

Pablo interessiert es in diesem Moment nicht, was die anderen über ihn denken. Er macht einfach das, woran er Spaß hat und was er wirklich gut kann.

Nach dem Unterricht sieht Pablo Leon auf der anderen Seite des Klassenraums. Pablo hat das erste Mal keine Angst, von Leon ausgelacht und beleidigt zu werden. Leon, Valentina und Hugo schauen ihn nämlich gar nicht mehr an. Es scheint fast so, als wären sie etwas eingeschüchtert. ***Mit denen muss ich nicht befreundet sein,* denkt er sich. *Hoffentlich hört nun das Ärgern auf.***

Aber selbst wenn nicht: Zum Glück hat Pablo Dalia gefunden. Mit ihr macht ihm das Schwimmen jetzt noch viel mehr Spaß.

SEE

MACH MIT!

Übungen für dich

Hinweise zu den Mach-mit-Seiten

Sie können die Mach-mit-Seiten für diesen Titel kostenfrei über unsere Internetseite nach erfolgter Registrierung online abrufen. Nutzen Sie dazu bitte den angegebenen Link und melden Sie sich nach den dort beschriebenen Schritten an. Sie können auf die Materialien über „Mein Konto" zugreifen, indem Sie unter „Meine Zusatzmaterialien" den Code eingeben. Sie werden dann automatisch in den Downloadbereich weitergeleitet.

Link: **hgf.io/download**
Code: **B-R7SWZN**

Wir empfehlen Ihnen, sich die Materialien auf Ihrem Rechner zu speichern, um sie jederzeit dauerhaft nutzen zu können.

***Lieber/Liebe* __________ ,**

nachdem du nun meine Geschichte gelesen hast, weißt du, dass ich einen ziemlich schweren Start in meiner neuen Schule hatte. Viele Mitschüler und Mitschülerinnen waren gemein zu mir oder haben mich ignoriert, weil ich anders bin. Dann habe ich Dalia kennengelernt. Dank ihr habe ich gelernt, was meine Stärken sind und wie ich sie wertschätzen kann. Das will ich dir nun auch beibringen! Zusammen lernen wir, was Mobbing eigentlich ist. Du darfst das Buch gerne mit deinen eigenen Worten füllen und bunt gestalten, um deine ganz besonderen Stärken und Talente zu entdecken!

Bis dann,

PABLO

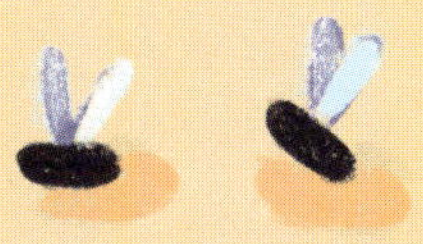

Was ist Mobbing eigentlich?

Mobbing ist, wenn jemand einer anderen Person immer wieder gemeine Dinge antut oder fiese Dinge zu ihr sagt, um sie auszugrenzen und zu verletzen, genauso wie Leon es mit mir gemacht hat. Das kann ganz unterschiedlich aussehen. Manche sagen gemeine Dinge, andere tun jemandem weh, viele nutzen auch das Internet, um jemanden bloßzustellen. Oft werden betroffene Personen auch ausgegrenzt, d.h. sie dürfen nicht zu einer bestimmten Gruppe gehören.

In meiner Geschichte gab es verschiedene Rollen im Mobbing:

Pablo ist das Opfer des Mobbings.

Leon startet das Mobbing und ist somit der Haupttäter.

Valentina unterstützt Leon bei seinen Handlungen und stellt sich auf seine Seite, ist aber keine Haupttäterin. Diese Rolle nennt man Mitläuferin.

Auch ***Hugo*** nimmt die Rolle eines Mitläufers ein. Als Pablo ihn fragt, ob sie gemeinsam die Matheaufgaben lösen wollen, lacht er ihn gemeinsam mit Leon aus.

Dalia ist der helfende Charakter und somit ein Vorbild für uns alle! Obwohl sich alle gegen Pablo richten, ist sie eine loyale Freundin.

Auch ***der Rest der Klasse*** spielt eine wichtige Rolle, obwohl nicht alle aktiv mitmachen. Diese Rolle nennt man Bystander. Das Problem ist, dass sie das Mobbing der anderen ignorieren, anstatt Pablo zu helfen.

Aber warum ärgert Leon mich eigentlich?

Ich habe mich ein wenig informiert, warum Kinder das machen, was Leon mit mir gemacht hat. Dafür gibt es ganz verschiedene Gründe. Manche Kinder mobben andere, um beliebter zu sein oder um ihre eigenen Ziele zu erreichen. Dabei helfen ihnen manchmal auch andere Kinder. Die, die mobben, fühlen sich stark und denken, dass sie wichtiger als andere sind. Sie wollen Aufmerksamkeit oder meinen, dass sie besser sind als andere.

Mobbing verletzt einen auf ganz unterschiedliche Arten. Ich bin sehr oft in meinem Gedankenchaos versunken:

Geht es dir manchmal ähnlich?

In diesen Gedankenwolken ist Platz für dein eigenes Gedankenchaos:

Auch mein Körper zeigt mir, dass es mir gerade nicht so gut geht:

- Manchmal habe ich Bauchschmerzen.
- Auch Kopfschmerzen bekomme ich.
- Wenn ich mir mal wieder zu viele Gedanken mache, kann ich nicht einschlafen.
- Ab und zu habe ich Albträume.

Mobbing sorgt also für viele unangenehme Gefühle und Gedanken. Oft fühlt man sich dann sehr angespannt. Es ist meistens nicht so einfach, diese Anspannung abzuschütteln. Dalia hat mir da von einer Technik mit einem schwierigen Namen erzählt. Die Technik an sich ist aber gar nicht so kompliziert. Mir hat sie sehr geholfen. Vielleicht hilft sie dir ja auch? Zusammen lernen wir jetzt diese Übung zum Entspannen. Sie nennt sich Progressive Muskelentspannung oder einfach kurz und unkompliziert: PMR.

Mit dieser PMR werden wir Teile unserer Muskeln für eine kurze Zeit anspannen und die Anspannung danach loslassen. Dann werden wir darauf achten, wie sich dieses Loslassen anfühlt. Hier ist eine Anleitung für dich. Diese erklärt dir, welche Muskelgruppen du wann anspannen und entspannen sollst. Damit du dich besser auf die Übung konzentrieren kannst, kannst du auch gerne jemanden darum bitten, dir die Übung vorzulesen und mit dir zusammen zu machen. Suche dir einen gemütlichen Platz, an dem du ungestört sein kannst. Platziere eine Matte oder ein Handtuch auf dem Boden und lege dich auf den Rücken. Wenn du willst, kannst du es natürlich auch im Sitzen machen.

Wir begeben uns jetzt auf eine kleine Gedankenreise. Stell dir vor, wie du auf einer Blumenwiese unter einem blühenden Apfelbaum liegst. Deine Arme liegen neben deinem Körper. Du spürst das Gras unter dir. Du hörst das Summen der Honigbienen, und der Duft der vielen Blumen um dich herum steigt in deine Nase. Du schaust in den leuchtend blauen Himmel und siehst die Wolken an dir vorbeiziehen.

Du konzentrierst dich jetzt ganz stark auf deine linke Hand. Stell dir vor, du greifst fest nach einer Wurzel unter dir, die du herausreißen willst. Spanne deine Hand stärker und stärker an, nimm jetzt auch den Arm dazu. Halte die Anspannung ein paar Sekunden... und lass nun wieder locker. Du kannst jetzt spüren, wie das ganze Gewicht deines Arms in den Boden sinkt. Deine Gedanken wandern nun zur rechten Seite deines Körpers. Du spannst jetzt deine rechte Hand so an, als würdest du Unkraut aus dem Boden reißen können. Nimm deinen ganzen Arm hinzu und versuche, ihn noch stärker anzuspannen. Halte die Anspannung ein paar Sekunden ... und lass jetzt alles wieder locker. Du merkst, wie die Entspannung durch deinen Arm fließt, wie ein strömender Bach.

Auf deiner Gedankenreise wanderst du nun zu deinem Bauch. Eine Ameise krabbelt quer über ihn, als hätte sie eine Straße über dich gebaut. Du spürst jeden kleinen Schritt, den die Ameise macht, und spannst den Bauch ganz fest an, um es ihr einfacher zu machen, über dich zu krabbeln. Sie hat fast die Hälfte geschafft ... spanne den Bauch weiter an ... sie ist fast drüben ... und sie hat es geschafft! Lasse den Bauch wieder ganz locker und atme einige Male tief ein und aus.

Du wanderst weiter und merkst, wie das Gras unter deinen Füßen dich kitzelt. Erst krümmst du deine linken Zehen und spannst den Fuß an. Du hältst die Spannung und nimmst jetzt sogar das linke Bein hinzu. Deine Muskeln werden immer fester ... und dann lässt du alles wieder locker. Das Bein fühlt sich jetzt an wie Wackelpudding, und du wanderst auf deiner Reise zum rechten Fuß. Auch dieser krümmt jetzt seine Zehen und wird ganz fest. Nimm das rechte Bein dazu und spanne es an. Fester ... und fester ... und lass das Bein wieder locker. Du merkst, wie es in deinem Bein kribbelt und es ganz locker wird.

Als letzten Teil deiner Reise spannst du jetzt deinen gesamten Körper an. Alles auf einmal! Deine Hände, deine Arme, deinen Bauch, deine Zehen, deine Unterschenkel, deine Oberschenkel: Alles ganz fest anspannen! Du hältst die Spannung immer noch ... und lässt jetzt alles locker. Bleibe noch liegen und spüre, wie sich dein Körper jetzt anfühlt. Atme noch einmal tief ein und halte die Luft an ... und atme wieder tief aus.

Super gemacht! Diese Übung kannst du immer wieder machen, da man mit etwas Übung immer besser darin wird. Und vielleicht kannst du es das nächste Mal sogar mit deinen Geschwistern oder Freunden und Freundinnen ausprobieren?

Wie häufig ist Mobbing?

Ungefähr acht Prozent aller Kinder und Jugendlichen in Deutschland werden gemobbt. Das sind zwei Kinder in einer Klasse mit 24 Schülern und Schülerinnen. Ziemlich viel, oder? Mädchen und Jungen sind ungefähr gleich häufig betroffen.

Etwa vier Prozent aller Kinder und Jugendlichen in Deutschland mobben andere. Das wäre dann ein Schüler oder eine Schülerin in der ganzen Klasse. Jungs machen das aber dreimal so oft wie Mädchen.

Wann kann man denn von Mobbing sprechen?

Die Mobbing-Checkliste:

- Andere Kinder sind immer wieder gemein zu dem betroffenen Kind.
- Das gemeine Verhalten der anderen Kinder ist direkt auf das gemobbte Kind ausgerichtet.
- Das Ziel ist, das gemobbte Kind auszugrenzen.
- Das gemobbte Kind fühlt sich hilflos.

Mobbing kann von Fall zu Fall unterschiedlich aussehen:

Das sind die bekanntesten Formen von Mobbing. Sie müssen nicht einzeln auftreten, sondern können auch zusammen vorkommen:

Verbales Mobbing:
Das ist, wenn jemand gemeine Worte sagt, andere beleidigt oder sie absichtlich ärgert.

Körperliches Mobbing:
Dem gemobbten Kind wird körperlich wehgetan, zum Beispiel wird es geschubst oder geschlagen. Das ist mir zum Beispiel an meinem ersten Schultag passiert, als meine Mitschüler:innen mich mit Papierkügelchen abgeschossen haben.

Verdecktes oder subtiles Mobbing:
Die gemobbten Kinder werden mit Absicht ausgegrenzt, alleine gelassen oder ignoriert. Kannst du dich daran erinnern, als niemand mit mir die Matheaufgaben machen wollte?

Cybermobbing:
Da werden die gemobbten Kinder im Internet geärgert. Zum Beispiel kann jemand in den sozialen Medien beleidigt werden (z. B. auf TikTok, Instagram, Snapchat oder so). Mir ist das zum Glück nicht passiert, doch leider ist das in eurer Welt viel verbreiteter.

Mobbing kann auch Depressionen begünstigen!

Neben vielen anderen negativen Folgen kann Mobbing sogar Depressionen auslösen.

- Depressive Symptome können sich bei Kindern und Jugendlichen unterschiedlich äußern.
- Typische Merkmale sind Traurigkeit, Selbstzweifel, sozialer Rückzug (man hat zum Beispiel keine Lust mehr, sich mit Freunden und Freundinnen zu treffen), Antriebslosigkeit, keine Freude an Dingen, die davor Spaß gemacht haben, etc. Aber das nicht nur für einen Tag oder eine Woche, sondern richtig lang.
- Es zeigt sich, dass Kinder, die von Mobbing betroffen sind, auch häufiger Depressionen haben.
- Mobbingsituationen wirken sich klar darauf aus, wie es dir geht und wie du dich fühlst, und beeinflussen somit auch deinen Selbstwert. Das kann zur Entstehung einer Depression beitragen.

An wen kann ich mich wenden, wenn ich von Mobbing betroffen bin?

- Tritt das Mobbing in der Schule auf, solltest du dich unbedingt an deine Lehrkräfte und an Vertrauenspersonen deiner Schule wenden.
- Schulpsycholog:innen und Therapeut:innen.
- Freunde und Freundinnen, die nett zu dir sind und dich unterstützen.
- Eltern und Familie.

Deine Helden- und Heldinnen-Bilderwand:

Diese Seite ist deinen Helden und Heldinnen gewidmet. Zu diesen kannst du gehen, wenn du Probleme hast oder mit jemandem über deine Sorgen und Gedanken reden möchtest. Sie haben immer ein offenes Ohr für dich, und du kannst dich immer auf sie verlassen. Jede:r hat unterschiedliche Helden und Heldinnen. Das können deine Eltern sein, dein Haustier, Oma und Opa, Freunde und Freundinnen, Geschwister und viele andere Personen.

Male deine Helden und Heldinnen in die Bilderrahmen auf der Bilderwand:

Aber wie können diese Personen mir überhaupt helfen?

- ***Unterstützung:*** Andere Personen wie Freunde und Freundinnen, Eltern und Lehrkräfte können dich unterstützen und helfen, dass es dir wieder besser geht.

- ***Handeln:*** Vor allem Lehrkräfte sollten das Mobbing so schnell wie möglich unterbinden, dir zur Seite stehen und dir helfen. Es müssen klare Folgen für die Mobber und Mobberinnen festgelegt werden.

- ***Grenzen setzen:*** Lehrkräfte und auch Eltern sollen deutlich machen, dass Mobbing nicht toleriert wird.

Oft hilft es schon, mit anderen Menschen über deine Sorgen und das Mobbing zu reden. Manchmal schaffen es Lehrer und Lehrerinnen so, die gemeinen Handlungen der Mobbenden zu stoppen.

Mobbing kann aber auch dauerhafte Spuren hinterlassen. Du merkst, dass es dir immer noch nicht so gut geht. Du willst zum Beispiel nicht mehr in die Schule gehen, hast Schwierigkeiten, neue Freunde und Freundinnen zu finden, oder hast Angst, dass dir dasselbe nochmal passiert. Zusammen mit deinen Eltern und anderen Vertrauenspersonen kannst du zum Beispiel überlegen, mit einem Therapeuten oder einer Therapeutin Kontakt aufzunehmen, um über das Mobbing zu sprechen.

Was wird in einer Therapie eigentlich gemacht?

Man lernt…

- klare Grenzen zu setzen und auf die Situation zu reagieren
- einen Ausgleich zu finden
- hilfreiche Strategien für den Umgang mit Mobbing zu entwickeln
- besser mit dem Stress umzugehen
- Schuld- und Schamgefühle abzubauen
- die Lebensfreude zu steigern, wieder Spaß an Hobbys zu finden und sich mit Menschen zu umgeben, die ein gutes Gefühl geben
- das Selbstbewusstsein wieder aufzubauen und zu stärken.

Übung: Ich packe meinen Koffer und nehme mit...

Für eine von Mobbing betroffene Person ist es sehr wichtig, das Selbstbewusstsein wieder aufzubauen und zu stärken. Dies wollen wir nun zusammen üben:

Dafür haben wir einen Koffer fürs Selbstbewusstsein für dich mitgebracht. Dieser ist noch leer und soll nun von dir gefüllt werden.

Du kannst da zum Beispiel reinschreiben:

- Dinge, die du richtig gut kannst
- Eigenschaften, die du an dir selbst sehr gerne magst
- deine Hobbys
- deine Superkräfte
- und alles, was deiner Meinung nach noch in den Koffer soll.

Spielanleitung: Ich packe meinen Koffer und nehme mit...

Nachdem du nun deinen Koffer fürs Selbstbewusstsein gepackt hast, sind das die besten Voraussetzungen, das Spiel zu beginnen.

Teilnehmer:innen: mindestens 2 ***Zeit:*** ca. 10 bis 15 Minuten

Der oder die Jüngste von euch beginnt und sagt: „Ich packe meinen Koffer und nehme mit...", und packt eine Stärke von sich ein. Das können Dinge sein, die du richtig gut kannst, coole Eigenschaften von dir, Hobbys, geheime Superkräfte und alles andere, auf das du stolz sein kannst. Und so geht es dann weiter. Der oder die Nächste sagt: „Ich packe meinen Koffer und nehme mit...", muss wiederholen, was die Vorgänger eingepackt haben und noch etwas Neues einpacken. Sobald jemand vergisst, etwas einzupacken, oder die Reihenfolge vertauscht, fliegt er oder sie raus. Die letzte Person, die übrig bleibt, hat gewonnen.

FÜR ALLE, DIE MEHR WISSEN WOLLEN

Informationen für Eltern und Lehrkräfte

Liebe Eltern und andere Erwachsene,

Die Geschichte von Pablo beschreibt Mobbing in der Schule, von dem etwa acht Prozent aller Kinder und Jugendlichen betroffen sind. Mobbing ist ein ernstes Problem, das weitreichende negative Auswirkungen auf das Leben von Kindern und Jugendlichen haben kann. Um diesem Problem effektiv entgegenzuwirken, kann es hilfreich sein, sich als Eltern über das Thema Mobbing zu informieren. So lernen Sie, wie man damit umgehen sollte, wenn das eigene Kind betroffen oder in einen Mobbingprozess involviert ist und wie man seinem eigenen Kind am besten zur Seite stehen kann. Oft entsteht Mobbing im Schulkontext, wo Sie nicht aktiv einschreiten können. Wenn man als Elternteil jedoch mitbekommt, dass das eigene Kind Opfer eines solchen Angriffs geworden ist, weiß man oft nicht, was man eigentlich dagegen tun kann.

Woran kann ich erkennen, dass mein Kind von Mobbing betroffen sein könnte?

- Betroffene Kinder und Jugendliche haben häufig Angst, in die Schule zu gehen.
- Ihr Kind hat Schwierigkeiten, gleichaltrige Freund:innen zu finden, hält seinen Freundeskreis klein und ist eher sozial isoliert.
- Die schulischen Leistungen Ihres Kindes werden schlechter.
- Mobbing kann sich auch auf die mentale Gesundheit auswirken: Traurigkeit, Stimmungsschwankungen, weniger Freude und vieles mehr können auftreten.
- Auch Körpersymptome können auftreten, wie zum Beispiel Bauch- und Kopfschmerzen.
- Kinder können auch unter Schlafproblemen und Albträumen leiden.

Diese Symptome können bei Betroffenen auftreten, müssen jedoch nicht auf alle zutreffen. Wenn Sie das Gefühl haben, dass Ihr Kind ein Opfer von Mobbing ist, sprechen Sie es darauf an. Denken Sie aber auch daran, dass es Ihrem Kind vielleicht schwerfällt, darüber zu reden; vielleicht schämt es sich oder hat Angst, alles könnte noch schlimmer werden. Signalisieren Sie Ihrem Kind, dass Sie immer ein offenes Ohr haben und es mit Ihnen über alles reden kann, wenn es das möchte.

Was kann ich in der Situation tun?

Häufig fühlen Sie sich als Eltern in einer Mobbingsituation hilflos, weil diese meist im Schulkontext stattfindet und Sie nicht in der Schule sind. Trotzdem können Sie Ihrem Kind helfen und ihm zur Seite stehen:

- Hören Sie Ihrem Kind aufmerksam zu und nehmen Sie jegliche Sorgen ernst.
- Signalisieren Sie Ihrem Kind, dass alles mit ihm stimmt.
- Verharmlosen Sie die Mobbingsituation nicht. Das kann dazu führen, dass sich Ihr Kind missverstanden fühlt.
- Geben Sie Ihrem Kind nicht die Schuld an der Situation.
- Bieten Sie Ihrem Kind Unterstützung an, wenn es Opfer von Mobbing wird. Sprechen Sie mit Ihrem Kind darüber, was es durchmacht, und ermutigen Sie es, sich an Lehrkräfte oder den/die Schulpsycholog:in zu wenden. Bieten Sie an, gemeinsam die Lehrkräfte anzusprechen.
- Unterstützen Sie Ihr Kind bei der Emotionsregulation und überlegen Sie gemeinsam mögliche Lösungsstrategien.
- Fördern Sie die psychische Gesundheit Ihres Kindes, z. B. durch Freizeitaktivitäten, Sport, Verein, Musik oder andere schöne Aktivitäten.
- Stärken Sie das Selbstbewusstsein Ihres Kindes und fördern Sie seine individuellen Stärken und Talente.
- Kontaktieren Sie zusammen mit Ihrem Kind die Schule und die Lehrkraft und sichern Sie Beweise, falls vorhanden. Diese Personen sind oft nicht weit vom Geschehen entfernt und können besser eingreifen.

So signalisieren Sie Ihrem Kind, dass Sie für es da sind, und stellen klar, dass es Ihnen Kummer, Sorgen und Ängste anvertrauen kann. Das alles ist ein Prozess und klappt auch nicht immer sofort, wie wir es bei Pablo und seinen Eltern gesehen haben. Seinen Eltern gegenüber wollte Pablo sich noch nicht öffnen und hat eher verhalten reagiert. Er hat zwar gesagt, dass er nicht mehr in die Schule gehen will, ist aber auf die Schikanen, denen er ausgesetzt war, nicht genauer eingegangen.

Das Thema Mobbing ist häufig mit Schamgefühlen behaftet, weswegen es Betroffenen oft schwerfällt, sich zu öffnen, und sie die Probleme eher in sich hineinfressen – so wie Pablo:

Pablo hat zum Beispiel Bauchschmerzen. Warum können sie nicht verstehen, was wirklich los ist? „Wenn die nur wüssten, was die anderen machen", flüstert er, als er sich später in sein Bett kuschelt. In dieser Nacht wird Pablo ständig wach, weil er Albträume hat.

Wie kann ich meinem Kind präventiv helfen?

Auch wenn Ihr Kind nicht von Mobbing betroffen ist, können Sie präventiv überlegen, welche Möglichkeiten es zum Umgang mit Mobbingangriffen gibt:

- Stärken Sie das Selbstvertrauen und die sozialen Kompetenzen Ihres Kindes. Kindern hilft es zu wissen, was ihre Stärken und Fähigkeiten sind. Gute soziale Kompetenzen helfen dabei, Grenzen zu setzen.
- Seien Sie ein Vorbild für Ihr Kind. Machen Sie Ihrem Kind vor, wie man in unangenehmen Situationen Grenzen setzt. Sich für andere einzusetzen und auf unfaires Verhalten hinzuweisen, ist wichtig, um die Zivilcourage zu fördern.
- Setzen Sie Ihrem Kind Grenzen! Ihr Kind muss nicht zwingend das Opfer eines Mobbingangriffs sein. Zeigen Sie Ihrem Kind klare Verhaltensregeln gegenüber Gleichaltrigen und nehmen Sie eine klare Haltung gegenüber Gewalt und Grenzüberschreitungen ein.

Liebe Lehrkräfte,

Die Geschichte von Pablo beschreibt ein Szenario, dem Sie im Laufe Ihrer Berufslaufbahn wahrscheinlich schon begegnet sind. Etwa acht Prozent aller Kinder und Jugendlichen in Deutschland sind von Mobbing betroffen. Somit ist dies ein Bestandteil Ihres Alltags. Oft erwartet man von Ihnen, genau zu wissen, was man als Lehrperson tun kann. Jedoch ist dies auch für Sie eine belastende Situation, mit der Sie vielleicht Schwierigkeiten haben.

Woran erkenne ich Mobbing in meinem Klassenraum?

Da Mobbing meistens im Schulkontext stattfindet, gehören Sie wahrscheinlich zu den ersten erwachsenen Personen, die auf das Mobbing aufmerksam werden. Mobbing kann sich wie folgt im Klassenraum äußern:

Warnsignale:

- Ein Kind hat Schwierigkeiten, Freunde und Freundinnen zu finden.
- In Pausen und im Unterricht ist das Kind lieber alleine, als mit anderen zu spielen oder zusammenzuarbeiten.
- Ein Kind hat viele Fehlzeiten in der Schule oder schwänzt die Schule.
- Ein Kind ist wiederholt schikanösen Handlungen ausgesetzt, die von anderen Mitschüler:innen durchgeführt werden.
- Ein Kind wird von Mitschüler:innen beleidigt oder sogar körperlich angegriffen.
- Die Schulleistungen eines Kindes werden schlechter.

In den meisten Fällen wird das betroffene Kind nicht direkt auf Sie zukommen. Mobbing ist oft mit Scham behaftet. Es kann auch sein, dass die Mobbenden das Kind bedrohen, um zu verhindern, dass es nach Hilfe sucht. Dementsprechend ist es besonders wichtig, auf mögliche Warnsignale zu achten und zu handeln, wenn der Verdacht von Mobbing in der Klasse besteht. Herrn Ala fiel es leider etwas spät auf. Als ihm jedoch klar wurde, dass Pablo ein Opfer von Mobbing war, ging er direkt auf ihn zu:

Plötzlich steht Herr Ala vor ihm. „Ist alles okay?", fragt er. Pablo schafft es nicht zu antworten, weil er immer noch schluchzen muss. „Geht das schon die ganze Zeit so?" Pablo nickt. „Es tut mir leid, dass ich nicht früher gemerkt habe, wie sehr dich die anderen Kinder ärgern." Pablo schluchzt weiter, nichts kann ihn gerade trösten. „Falls so etwas nochmal passieren sollte, dann komm bitte zu mir", sagt Herr Ala.

Was kann ich als Lehrkraft dagegen tun?

Als Lehrkraft nehmen Sie innerhalb der Klasse eine Vorbildfunktion ein und haben eine große Verantwortung für die Kinder. Umso wichtiger ist die Klarstellung, dass Mobbing nicht toleriert wird:

***Handeln Sie direkt*, wenn ein Mobbingverdacht besteht, und sprechen Sie mit den betroffenen Personen.**

- Stellen Sie von Anfang an klar, dass sich die Schüler:innen immer an Sie wenden können, wenn sie Probleme haben oder unfair behandelt werden.
- Nehmen Sie eine klare Haltung gegenüber Gewalt und Grenzüberschreitungen ein! Versuchen Sie, den Schüler:innen klarzumachen, dass solche Handlungen nicht toleriert oder ignoriert werden.
- Informieren Sie die Erziehungsberechtigten aller Beteiligten.

An wen kann ich mich wenden, wenn ich nicht weiß, wie ich mit der Situation umgehen soll?

Nutzen Sie die Hilfe von Schulpsycholog:innen: Schulpsycholog:innen stehen Lehrkräften bei der Auswahl passender Präventions- und Interventionsprogramme zur Seite. Sie können Schüler:innen auch helfen, ihre sozialen Fähigkeiten zu verbessern.

Unterhalten Sie sich mit Ihren Kolleg:innen: Oft ist es hilfreich, eine andere Meinung einzuholen. Kolleg:innen haben eventuell auch schon Erfahrung mit ähnlichen Situationen gemacht und können berichten, wie sie in einer solchen Situation gehandelt haben.

Informieren und engagieren Sie sich: Informieren Sie sich über das Thema Mobbing und nehmen Sie an Schulungen und Treffen teil, die von der Schule angeboten werden. Wenn Schüler:innen von Mobbing berichten, nehmen Sie dies ernst und ergreifen Sie entsprechende Maßnahmen. Es gibt spezielle Anlaufstellen wie Mobbinginterventionsteams oder schulpsychologische Beratungsstellen, die Ihnen Unterstützung bieten können. Bei einer Konfrontation mit den vermeintlichen Täter:innen oder Eltern ist es ratsam, Vorsicht walten zu lassen, um weitere Konflikte zu vermeiden. Denken Sie daran, dass betroffene Kinder und deren Eltern in die Planung der Intervention einbezogen werden sollten.

Wie kann man Mobbing präventiv entgegenwirken?

Fördern Sie soziale Kompetenzen: Unterstützen Sie Ihre Schüler:innen dabei, soziale Kompetenzen wie Empathie, Konfliktlösungsfähigkeiten und Kommunikationsfähigkeiten zu entwickeln und im Schulkontext anzuwenden. Diese Fähigkeiten helfen ihnen, die Bedürfnisse anderer zu verstehen und Konflikte auf konstruktive Weise zu lösen.

Unterstützen Sie ein positives Schul- und Klassenklima: Fördern Sie Toleranz, Respekt und Wertschätzung aller Beteiligten. Engagieren Sie sich für gemeinsame Aktivitäten, Zusammenarbeit und gegenseitige Unterstützung.

Achten Sie auf klare Schul- und Klassenstrukturen: Sorgen Sie für klare Regeln und Verhaltenserwartungen, an die sich alle halten müssen. Eine strukturierte Umgebung hilft Schüler:innen, sich sicher und geschützt zu fühlen.

Machen Sie Mobbing zum Thema in Ihrer Klasse! Gehen Sie dabei auf die verschiedenen Rollen und auch auf die Folgen für Betroffene ein. Es kann hilfreich sein, zusammen zu üben, was man tun sollte, wenn man selbst von Mobbing betroffen ist oder sieht, dass jemand anderes betroffen ist.

Pflegen Sie eine offene Kommunikation: Ermöglichen Sie eine offene und ehrliche Kommunikation zwischen Lehrkräften, Schüler:innen sowie Eltern. Ermutigen Sie Ihre Schüler:innen, Konflikte offen anzusprechen und gemeinsam Lösungen zu finden.

Quellenverzeichnis

Bröscher, N., Lindel, C. & Schadow, T. (2022). *Unerwartete Perspektiven der Schulpsychologie.* Springer.

Böhmer, M. & Steffgen, G. (2019). *Mobbing an Schulen: Maßnahmen zur Prävention, Intervention und Nachsorge.* Springer.

Kolodej, C. (2005). *Mobbing. Psychoterror am Arbeitsplatz und seine Bewältigung.* Facultas Verlags-and Buchhandels AG.

Kolodej, C. (2018). *Psychologische Selbsthilfe bei Mobbing: Zuversicht, Vertrauen, Veränderung.* Springer.

Politi, S. (2020). Was ist Mobbing und wie kann man es erkennen? In M. Böhmer & G. Steffgen (Hrsg.), *Mobbing an Schulen: Maßnahmen zur Prävention, Intervention und Nachsorge* (1–18). Springer.

Stock, C. (2011). *Mobbing.* Haufe-Lexware.

Wilde, N. (2020). Mobbing – ein Gruppenphänomen? In M. Böhmer & G. Steffgen (Hrsg.), *Mobbing an Schulen: Maßnahmen zur Prävention, Intervention und Nachsorge* (S. *79–97*). Springer.

Hinweise zu den Adressen und Kontakten

Sie können die Adressen und Kontakte für diesen Titel kostenfrei über unsere Internetseite nach erfolgter Registrierung online abrufen. Nutzen Sie dazu bitte den angegebenen Link und melden Sie sich nach den dort beschriebenen Schritten an. Sie können auf die Materialien über „Mein Konto“ zugreifen, indem Sie unter „Meine Zusatzmaterialien“ den Code eingeben. Sie werden dann automatisch in den Downloadbereich weitergeleitet.

Link: **hgf.io/download**
Code: **B-R7SWZN**

Wir empfehlen Ihnen, sich die Materialien auf Ihrem Rechner zu speichern, um sie jederzeit dauerhaft nutzen zu können.

Nachwort der Bandherausgeberin

Pablo, der Pinguin, ist neu in einer Schule, die von ganz verschiedenen Vögeln besucht wird. Von Anfang an wird er insbesondere von einem Vogel, Leon, geärgert, der ihn physisch attackiert, verbal beleidigt und sozial ausgrenzt. Andere Vögel machen mit oder helfen Pablo nicht. Aus den Augen eines Kindes wird Mobbing in der Schule für Kinder beschrieben. Hier wird deutlich, dass es nicht nur zum Mobbing gehört, andere Kinder aktiv zu ärgern und zu demütigen, sondern auch tatenlos zuzusehen. Eindrücklich wird dargestellt, wie das gemobbte Kind dies erlebt und was das mit ihm macht. Auch wenn physisches Mobbing im Vergleich zu verbalem oder relationalem Mobbing eher selten ist, können alle Formen des Mobbings schwere psychische Folgen für das gemobbte Kind haben, wie Traurigkeit, Selbstzweifel, sozialer Rückzug, Antriebslosigkeit, somatoforme Beschwerden wie Schlafprobleme, Magenschmerzen, etc. Dies kann die Entstehung von weiteren psychischen Problemen bei Kindern begünstigen. Das Buchkapitel zeigt aber auch, wie Kindern, die gemobbt werden, geholfen werden und was das Kind selber tun kann. Es wird deutlich, dass man Mobbing nicht hilflos hinnehmen muss, sondern alleine und mit der Hilfe von Freund:innen, Lehrkräften und Eltern die Situation verbessern kann.

In Deutschland geben ca. 8 bis 9 % aller Kinder an, dass sie gemobbt werden, d.h. ca. 2 Kinder in einer Schulklasse können davon betroffen sein. Eltern und Lehrkräfte sollten deswegen aufmerksam sein, ob ein Kind Verhaltensweisen und Symptome zeigt, die mit Mobbing einhergehen können. Woran sowohl Lehrkräfte als auch Eltern Mobbing bei Kindern erkennen können, wird im Psychoedukationsteil erläutert. Es wird aber auch gezeigt, wie wichtig es für gemobbte Kinder ist, sich auf ihre Stärken zu besinnen, um so dem Teufelskreis von Selbstzweifeln, sozialem Rückzug und Gefühlen von Einsamkeit zu entkommen. Im Mitmach-Teil vermittelt Pablo neben spezifischem Wissen zu Mobbing Kindern und ihren Eltern konkrete Tipps, wie z.B. der Selbstwert des Kindes verbessert werden kann und was sonst noch unternommen werden kann, um das Kind zu stärken.

Mit dem zauberhaft illustrierten Buch liegt eine kindgerechte Geschichte zum Thema „Mobbing" vor. Die Geschichte zeigt eindrücklich, wie belastend Mobbing-Erfahrungen für ein Kind sein können, aber auch, wie man die Situation verbessern kann. Mit dem Mitmach-Teil werden konkrete Übungen oder Tipps für Kinder und Erwachsene gegeben, wie man Kinder stärken kann und was sie bei Mobbing-Problemen genau machen sollen. Das Buch ist nicht nur informativ für betroffene Kinder und deren Eltern, sondern auch ein Appell an andere Kinder und deren Eltern und Lehrkräfte, gemobbten Kindern beizustehen.

Ich wünsche allen Kindern, Eltern und anderen Interessierten viel Spaß beim Lesen!

Prof. Dr. Ricarda Steinmayr
Dortmund im Juni 2024

Nachwort der Herausgeber:innen der Reihe Psychologische Kinderbücher

Die Psychologischen Kinderbücher entstanden durch einen seltenen Glücksfall im Kontext von zwei Seminarveranstaltungen des Fachbereichs Psychologie an der Philipps-Universität Marburg (PUM) im Winter- und Sommersemester 2014/15: Als Kooperationsprojekt entwickelten das Institut für Bildende Kunst und der Fachbereich Psychologie eine praktische Übung für illustrierte psychologische Kinderbücher. Wir danken Prof. Tillmann Damrau und Dipl.-Des. Sabine Funk (beide heute Technische Universität Dortmund) für ihre Pionierarbeit am Institut für Bildende Kunst der PUM und die initiale Betreuung der ersten Bücher. Die Studierenden der Bildenden Kunst hatten Entwürfe zu Kinderbüchern erstellt, die verschiedene psychologische Themen behandeln. Diese Entwürfe wurden von den Studierenden der Psychologie auf der Textebene bearbeitet, sodass psychoedukative Bilderbücher zu psychischen Störungen im Kindes- und Jugendalter entstanden sind, die den neusten Wissensstand zu den jeweiligen Störungen repräsentieren.

Seit dem Sommer 2017 gibt es die Psychologischen Kinderbücher nun als Reihe im Hogrefe Verlag. Die PUM würdigte dieses Projekt im selben Jahr mit einem Preis für besonders innovative Lehre. Dieser Preis sowie die Unterstützung durch den Hogrefe Verlag ermöglichten es, von 2018 bis 2022 die renommierte Illustratorin Leonore Poth hinzuzuziehen, die gemeinsam mit Prof. Dr. Klaus Lomnitzer vom Fachbereich Bildende Kunst der Philipps-Universität Marburg das Projekt künstlerisch begleitete. Beiden danken wir herzlich für ihre langjährige Unterstützung dieser erfolgreichen Buchreihe. Seit 2018 gibt es eine klare Aufgabenverteilung: die Studierenden der

Bildenden Kunst konzentrieren sich auf die Illustration der Geschichten und die Gestaltung der Bücher und die Studierenden der Psychologie auf die Geschichte und Inhalte, betreut durch Prof. Dr. Hanna Christiansen und unterstützt durch Herausgebende mit jeweils spezifischer Fachexpertise sowie aktuell durch die Autorin Kathrin Lange. Seit 2023 gibt es eine Kooperation zwischen der Philipps-Universität Marburg und der Hochschule für Gestaltung Augsburg. Mike Loos hat dort die Professur für visuelle Kommunikation/Bildgestaltung mit dem Schwerpunkt Illustration/Bilderzählung und übernimmt mit seinen Studierenden seither die Illustration der Bücher.

Im Herbst 2024 erscheinen fünf neue Kinderbücher, die sich dem Thema Schule widmen. Die Bücher zu Einschulung (***Mutprobe für Mulle***) und zum Übertritt in die weiterführende Schule (***Charlies verrückter neuer Schultag***) werden von Prof. Dr. Hanna Christiansen (PUM) herausgeberisch betreut; die zu Lese-Rechtschreibschwäche (***Joe und der große rote Stift***) und Dyskalkulie (***Elio hat sich verzählt***) von Prof. Dr. Malte Schwinger (PUM); und das Buch zu Mobbing (***Nur weil ich nicht fliegen kann…***) von Prof. Dr. Ricarda Steinmayr (TU Dortmund).

Wir freuen uns besonders, dass aus dem universitären Seminaralltag und dem akademischen „Elfenbeinturm" eine so gelungene Buchreihe für kleine Leser:innen und hilfreiche Publikationen für Therapeut:innen und Eltern hervorgeht und wünschen dieser Reihe weiterhin viele begeisterte Leser:innen und Nutzer:innen. Die Reaktionen auf die bisherigen Bücher waren überwältigend positiv, worüber wir uns sehr freuen. Wir sind uns sicher, dass wir mit diesen neuen Büchern an den bisherigen Erfolg anknüpfen können. Die Rückmeldungen von Leser:innen und Fachleuten aus der Praxis konnten die Qualität der Bücher weiter steigern und trugen dazu bei, die Reihe erfolgreich auf dem Kinderbuchmarkt zu etablieren.

Prof. Dr. Hanna Christiansen (Marburg) und
Prof. Mike Loos (Augsburg)
Juni 2024

DAS TEAM:

Die Bandherausgeberin

Prof. Dr. Ricarda Steinmayr studierte an der Universität Düsseldorf, der University of Oklahoma Health Sciences Center und der Technischen Universität Aachen. Sie promovierte und habilitierte an der Universität Heidelberg. Dann wurde sie 2010 Professorin für Pädagogische Psychologie an der Universität Marburg und wechselte 2012 an die Universität Dortmund. Dort leitet sie den Lehrstuhl für Pädagogische Psychologie und ist Sprecherin des Kompetenzfeldes Bildungsforschung. Sie forschte in Galway, Irland, und Sydney, Australien, insbesondere zu Determinanten von Schulleistung und Interventionen zur Förderung des Wohlbefindens. Ihre Forschungsschwerpunkte sind das subjektive Wohlbefinden von Kindern und Jugendlichen, schulisches Leistungsverhalten, unter Berücksichtigung von Geschlecht, sozialer Herkunft, Motivation, Intelligenz und Persönlichkeit sowie Hochbegabung. Während der Pandemie arbeitete sie an einem Projekt der Deutschen Gesellschaft für Psychologie zur psychologischen Coronahilfe und publizierte Studien zu Distanzunterricht und den psychischen Folgen der Pandemie für Kinder und Jugendliche.

Die Illustratorin

Anika Schönwetter wurde 2001 in Bobingen geboren. Sie studiert an der Technischen Hochschule Augsburg im Bachelorstudiengang Kommunikationsdesign mit einem Schwerpunkt im Bereich Illustration. Mit diesem Kinderbuch erfüllt sie sich den Traum, ein eigenes illustriertes Buch in den Händen zu halten, und hofft, damit vielen Kindern helfen zu können.

Die Autorinnen

Alle drei Autorinnen studieren Psychologie in Marburg. In ihrem Studium lernen sie, Menschen in schwierigen Situationen zu helfen, ihr volles Potenzial auszuschöpfen und positive Veränderungen in ihrem Leben zu bewirken. Im Rahmen des Seminars „Psychologische Kinderbücher" wollen sie genau das mit dem Schreiben dieses Kinderbuchs erreichen und ihr erworbenes Wissen Kindern näherbringen.

Seline Kwasny wurde 2002 in Marburg geboren und studiert dort Klinische Psychologie und Psychotherapie im Master. Sie möchte später als Therapeutin Menschen so unterstützen und ihnen helfen, wie Dalia Pablo geholfen hat.

Liv Sallander wurde 2001 in Darmstadt geboren und zog 2020 zum Psychologiestudium nach Marburg. So wie Pablo das Schwimmen liebt, hat Liv das Rope-Skipping für sich gefunden. Der Sport ist ihre wahre Leidenschaft und hat ihr einige ihrer besten Freund:innen beschert.

Nathalie Aoun wurde 1996 in Damaskus, Syrien, geboren und lebt seit 2019 in Marburg. Schon früh interessierte sie sich für die menschliche Psyche. Wie Pablo glaubt auch sie an das Potenzial der Menschen, selbst in dunklen Zeiten.

Bibliografische Information der Deutschen Nationalbibliothek
Die Deutsche Nationalbibliothek verzeichnet diese Publikation in der Deutschen Nationalbibliografie; detaillierte bibliografische Daten sind im Internet über http://www.dnb.de abrufbar.

Anregungen und Zuschriften bitte an:
Hogrefe AG
Lektorat Psychologie
Länggass-Strasse 76
3012 Bern, Schweiz
Tel. +41 31 300 45 00
info@hogrefe.ch | www.hogrefe.ch

Lektorat:
Dr. Susanne Lauri, Wiebke Erchinger
Herstellung:
Daniel Berger
Druck und buchbinderische Verarbeitung:
Finidr s. r. o., Český Těšín
Printed in Czech Republic

1. Auflage 2025

(E-Book-ISBN_PDF 978-3-456-96369-3)
ISBN 978-3-456-86369-6
https://doi.org/10.1024/86369-000

Weitere Titel der Reihe

Abdalli / Rzany / Hildebrandt / Neudert:
Mission Schuppe – Eine kleine Geschichte über das Leben mit Neurodermitis
2021, ISBN 978-3-456-86181-4

Bartling / Buchner / Bendel / Grote / Kresse / Koy: *Alles anders bei Familie Biber – Eine Geschichte für Kinder, deren Eltern von Arbeitslosigkeit betroffen sind*
2019, ISBN 978-3-456-86019-0

Buchwald / Dornseifer / Stupp / Soares:
Mutprobe für Mulle – Ein Buch für Kinder, die in die Schule kommen
2025, ISBN 978-3-456-86367-2

Guo / Oppermann / Scheunemann / Simon:
Wo ist denn dein Leuchten hin? – Hilfe bei emotionaler Gewalt
2023, ISBN 978-3-456-86316-0

Hercher / Rauh / Schröer / Weimar / Iacono:
Joe und der große rote Stift – Eine Geschichte über den Alltag mit einer Rechenstörung
2025, ISBN 978-3-456-86368-9

Keshavarz / Ayaz / Röder / Wachter:
Ecke, Abseits und die Atemnot – Asthma kindgerecht erklärt
2021, ISBN 978-3-456-86187-6

Köppchen / Nadler / Pankerl / Reingruber / Najdoska: *Elio hat sich verzählt – Eine Mutmachgeschichte über den Alltag mit einer Rechenstörung,*
2025, ISBN 978-3-456-86361-0

Lohoff / Mohr / Ziemer / Eckstein:
Charlies verrückter neuer Schultag – Den Schulübergang meistern
2025, ISBN 978-3-456-86370-2

Loos / Bartelworth / Rothert:
Die Hand erhoben – Körperliche Gewalt bei Kindern
2024, ISBN 978-3-456-86345-0

Maleki / Beham / Böning / Korfmacher / Stracke / Wangenheim:
Dunkle Farben im Wunderwald – Ein Buch für Kinder, deren Eltern psychisch krank sind
2019, ISBN 978-3-456-86020-6

Maleki / den Hartog / Maiworm / Wüstefeld:
Allein ist keine Farbe – Gemeinsam durch die Chemotherapie
2021, ISBN 978-3-456-86173-9

Meister / Hamacher / Weingarten:
Paul und der rote Luftballon – Ein Buch für Kinder, die mutig werden und neue Freunde finden
2018, ISBN 978-3-456-85909-5

Michel / Buschkamp / Drerup / Schramm:
Die kleine Eule Luna und wie sie lernte, mit ihrer Trennungsangst umzugehen
2018, ISBN 978-3-456-85896-8

Olkowska / Ewald / Kemmer / Röder:
Wohin, kleine Eda? – Vernachlässigung bei Kindern
2024, ISBN 978-3-456-86344-3

Rzany / Heindel / Maelger / Senßfelder:
Linns Licht – Ein Mutmach-Buch für Kinder mit einer Depression
2020, ISBN 978-3-456-86095-4

Schaaf / Andersen / Roth / Salzmann:
In Gedanken ein Fuchs – Ein Buch für sozial ängstliche Kinder, die selber kleine Füchse sind
2018, ISBN 978-3-56-85899-9

Schaaf / Frerich / Hauck / Klein-Reesink / Zahn: *Hörst du die Elefanten brüllen? – Ein Buch für Kinder, deren Eltern sich immer wieder mal streiten*
2019, ISBN 978-3-456-86021-3

Schaaf / Eitenmüller / Schultz / Stefcheva:
Karli, der kribbelige Kugelfisch – Eine Geschichte für ausgeprägte Trotzköpfe
2020, ISBN 978-3-456-86106-7

Spence / Kiefer / Habermann:
Milli und die Zuckerdrachen – Wie Kinder lernen, mit Diabetes umzugehen
2021, ISBN 978-3-456-86179-1

Strack / Lin / Schlegl:
Wackelkontakt – Epilepsie bei Kindern leicht erklärt
2021, ISBN 978-3-456-86197-5

Tavangar / Niebeling / Rauschkolb / Schweizer: *Feuerfelsen und Spiegelsee – Der Mutmacher für Kinder mit Adipositas*
2023, ISBN 978-3-456-86314-6

Tusheva / Battisti / Mohme / Roth:
Kein Samstag ohne rote Grütze – Eine Geschichte von unsichtbaren Verletzungen
2020, ISBN 978-3-456-86090-9

Weißflog / Köcher / Ladkani / Ngono / Stöhr:
Zwei Zimmer für Cleo – Wenn Eltern sich trennen und wie es danach weitergeht
2019, ISBN 978-3-456-86022-0

Weißflog / Ortmüller / Wende:
Opas Stern – Ein Trost- und Erklärbuch für Kinder und ihre Eltern
2018, ISBN 978-3-456-85906-4

Weißflog / Dahm / Mews / Warczok:
Zum Kuckuck mit den Regeln – Wie Kimi lernte, mit der Wut umzugehen
2020, ISBN 978-3-456-86091-6

Zais / Michalak / Rumpf / Schulte:
Zappel-Zirkus Zacharias – Ein Buch für zappelige Zirkuskinder mit ADHS, ihre Zirkusfamilien, Freunde und Zirkusdompteure
2018, ISBN 978-3-456-85918-7

Themen in Vorbereitung

Klima
Krieg
Migration
Traumata / PTBS